DISCOURS

DE

M. Ferdinand BUISSON

DÉPUTÉ

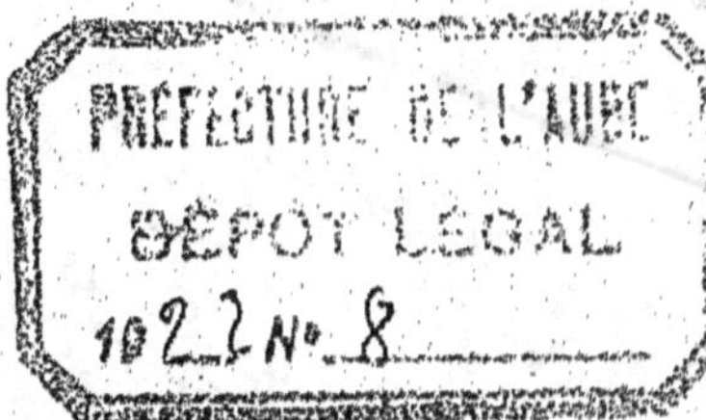

L'ASSEMBLÉE GÉNÉRALE

de la Section de l'Aube du

SYNDICAT NATIONAL DES INSTITUTEURS ET INSTITUTRICES LAIQUES

DE FRANCE ET DES COLONIES

GRANDE IMPRIMERIE DE TROYES

126, Rue Thiers, 126

1922

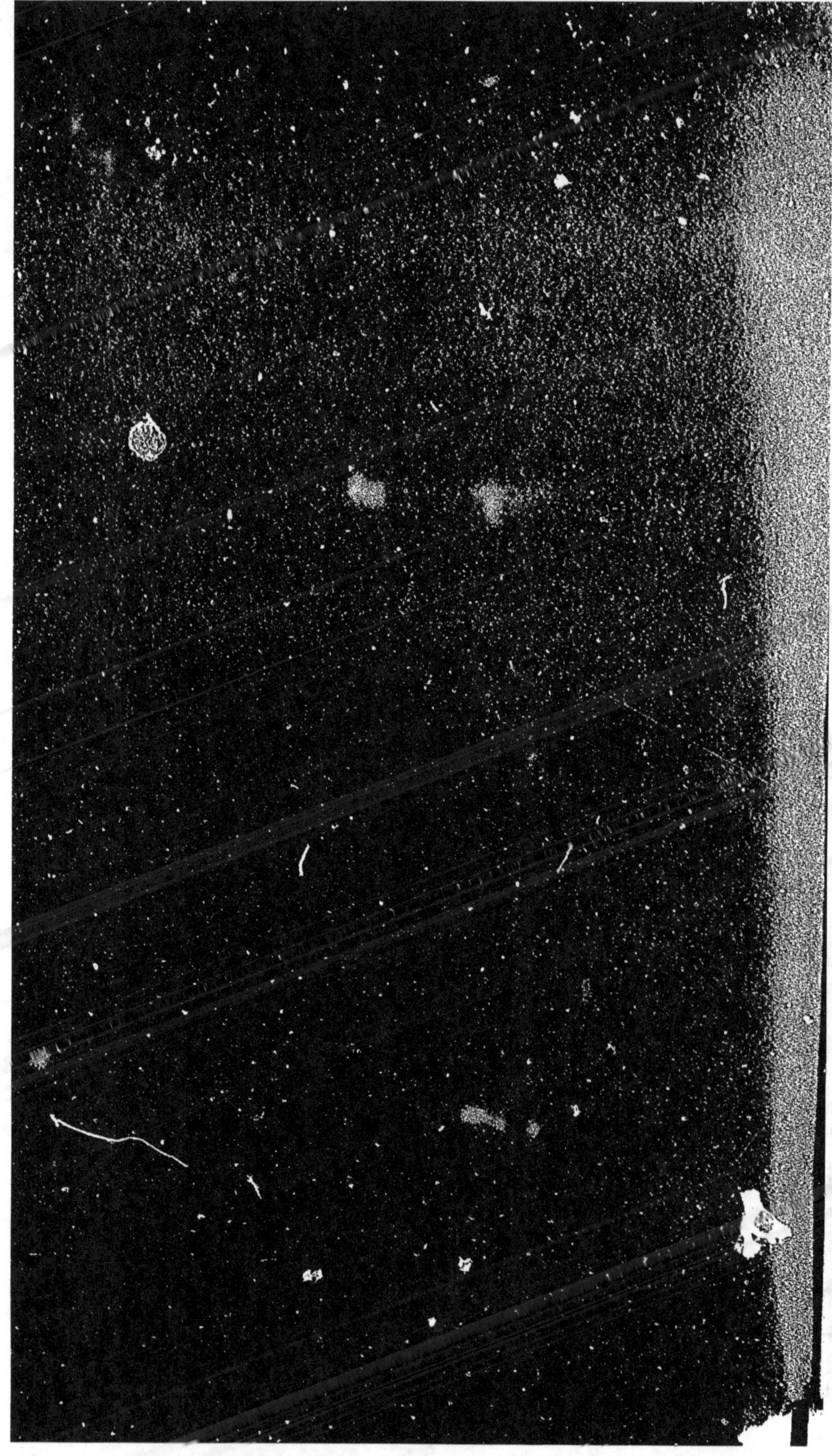

DISCOURS

DE

M. Ferdinand BUISSON

DÉPUTÉ

DISCOURS

DE

M. Ferdinand BUISSON

DÉPUTÉ

A

L'ASSEMBLÉE GÉNÉRALE

de la Section de l'Aube du

SYNDICAT NATIONAL DES INSTITUTEURS ET INSTITUTRICES LAIQUES

DE FRANCE ET DES COLONIES

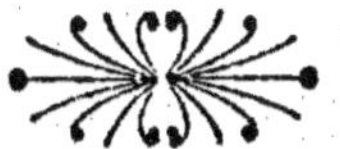

GRANDE IMPRIMERIE DE TROYES

126, Rue Thiers, 126

—

1922

MESDAMES, MESSIEURS,

Ma première parole doit être pour m'associer de tout cœur, et plus qu'aucun de vous, aux regrets que vous éprouvez de l'absence de notre ami, de votre ami Herriot. Elle est due à des circonstances fâcheuses que ni vous ni lui ne pouviez prévoir, et dont nous ne nous consolerions pas aisément si vous n'aviez — vous venez de l'entendre — la certitude de le posséder prochainement ; vous reporterez donc à la date de sa visite la grande manifestation républicaine à laquelle sa parole est nécessaire.

En attendant, plus que personne, je regrette d'être obligé de remplacer un orateur qu'on ne remplace pas. Je porterai donc la parole devant vous, au nom de ces vieux souvenirs que mon ami Israel, qui est un jeune, saluait tout à l'heure avec sa bienveillance ordinaire pour les vétérans.

Me voilà, il faut bien l'avouer, au rang le plus ancien de ces vétérans. C'est presque comme un ancêtre que je réapparais devant vous. Faut-il vous dire que j'y ai un grand plaisir ?

J'avais gardé le souvenir de la vitalité de votre association. Et c'est pourquoi je désirais assister à une de vos réunions corporatives. Mon espoir n'a pas été trompé : il a suffi de quelques minutes passées ici pour entendre un intéressant spécimen de vos délibérations. Et j'ai retrouvé mes impressions d'autrefois.

Je me rappelle le sentiment que j'avais dès lors exprimé, que Jules Ferry avait eu bien raison, qu'il avait bien prévu l'avenir. En effet, ministre de l'Instruction publique, à une époque où personne n'y pensait (cela parut à plusieurs de ses prédécesseurs, et même de ses successeurs, un excès de libéralisme), il avait commencé à organiser ce qu'il appelait hardiment le *self-government* des instituteurs, le gouvernement des instituteurs par eux-mêmes.

D'emblée, il avait eu confiance dans ce personnel. Quarante ans écoulés depuis, ont montré que cette confiance était bien placée. J'espère qu'aujourd'hui ni le gouvernement ni l'administration n'ont besoin qu'on le leur apprenne. Et quant au pays, il a vu les instituteurs à l'œuvre. Il les a vus pendant la guerre, qui a donné à leur dévouement une consécration suprême : il ne peut plus douter d'eux.

Mesdames, Messieurs, je suis heureux que mes collègues et moi, nous ayons assisté à la fin de votre séance. Nous avons entendu vos vœux. Vous ne vous faites pas d'illusion sur la possibilité de traduire immédiatement ces vœux en actes législatifs. Mais, à notre tour, parlementaires, gardons-nous d'une illusion inverse qui serait de méconnaître la valeur d'assemblées préparatoires comme celle-ci. La République ne fera de bonnes réformes que si elles ont été élaborées et discutées, sur tous les points et dans tous leurs détails, par ceux qui sont le plus capable d'en connaître, c'est-à-dire par les premiers intéressés.

Nous estimons que les instituteurs font leur devoir en traitant ces questions entre eux, comme vous le faites, avec cet esprit de calme et cette sobriété de discussion : bon exemple, dont nous pourrons, en passant, faire notre profit.

Je suis persuadé que mon collègue Alexandre Israel, que vous venez d'entendre — qui est un des plus ardents, parmi les jeunes, et aussi des plus laborieux — n'a pas manqué de noter, à part lui, la leçon muette que vous nous donniez.

I. — LA RÉPUBLIQUE

Est-il besoin de déclarer que nous sommes tous aussi d'accord avec Israel pour soutenir les revendications du corps enseignant ?

J'aimerais mieux dire pourquoi nous croyons devoir les soutenir. C'est qu'elles traduisent la plus légitime des ambitions : celle d'une association de fonctionnaires qui a conscience d'être en même temps un groupe de libres citoyens, et qui agit en conséquence.

C'est là — permettez-moi de le dire au nom de tous nos collègues ici présents, au nom de votre grand ami Pinard, qui est aussi le mien — oui, c'est là ce que nous aimons en vous, personnel primaire laïque, vous êtes l'image même de la République telle que la France l'a conçue.

Vous représentez à la fois, tout ensemble et très profondément, et sans même vous en douter, l'esprit républicain et l'esprit français.

Ne croyez pas que ce soit là un compliment à votre adresse. C'est tout autre chose. J'y ai souvent pensé et, si vous le permettez, je m'expliquerai.

Vous êtes les fils de la Révolution française. Vous êtes les enfants du peuple, mais d'un peuple qui, par des siècles de souffrance, s'est élevé jusqu'à la République.

Certains esprits se représentent la République comme une magnifique *improvisation*. Quelle erreur ! Non, il n'est pas vrai que tout ait commencé à la prise de la Bastille et que la France moderne date de là. La Révolution, qui a enfin abouti en 1789, était préparée depuis le Moyen-âge. Par Qui ? Par les pauvres diables, par les misérables, par ceux qu'on appelait les Jacques, par cet humble peuple paysan dont La Bruyère traçait le portrait que vous savez.

Pendant de longs siècles, ces hommes du peuple, ces serfs, ces vilains, taillables et corvéables à merci, suivant la vieille et trop exacte formule, poursuivaient un rêve insensé, le rêve de la liberté. Et chaque fois qu'ils tentaient de le réaliser, le joug d'une tyrannie sans pitié retombait sur eux plus lourd et plus effroyable. Par moments, à bout de patience et de souffrance, ils se révoltaient, et la révolte était aussitôt noyée dans le sang. Et malgré tout, ces obstinés recommençaient, toujours vaincus, jamais découragés. Il devait venir enfin, le jour tant attendu : ils savaient bien que tôt ou tard une nouvelle société se fonderait sur le roc inébranlable de la justice.

Tel est le caractère de notre grande Révolution : elle a été l'aboutissement suprême d'un effort plusieurs fois séculaire. Et c'est ce qui a fait sa force, sa durée, son indestructible puissance. C'est ce qu'il faut rappeler à ceux de nos amis qui, emportés par un généreux mouvement d'enthousiasme, s'imaginent que la République peut se faire du jour au lendemain. Ils admirent la soudaineté de la Révolution russe et l'immensité de la transformation qu'elle opérerait pensent-ils, comme par un coup de baguette magique. Nous ne connaissons pas le monde slave, nous ne prétendons pas qu'il doive passer par toutes les phases qu'ont traversées les vieux peuples d'Europe. Il aura des épreuves peut-être plus rapides et plus tragiques que les nôtres. Puisse-t-il en sortir vivant, libre, républicain et socialiste !

Mais ce que nous savons bien, c'est qu'en France la Révolution n'a pas été l'œuvre d'un jour. Elle a des racines qui plongent jusqu'au fond de notre histoire. Elle s'appuie sur d'innombrables générations qui ne se sont pas lassées de la réclamer longtemps avant qu'elle fût possible. Vous avez gardé quelque chose de ces obscurs ancêtres, Messieurs les instituteurs, Mesdames les institutrices. Et c'est pourquoi notre République, celle que vous aimez et que vous faites aimer, ne ressemble pas à toutes les autres. Ce n'est pas un saut dans l'inconnu, c'est un élan vers l'ordre par la liberté. De là ce sentiment de respect qu'elle inspire à tous les peuples qui nous connaissent mieux que nous-mêmes.

Notre Révolution n'a rien de mystique, c'est une œuvre de raison : elle est faite de bon sens et de courage. Elle a su, dès l'abord, mettre en pleine lumière le principe d'où elle tirait son autorité. Elle n'a fait qu'énoncer tout haut une idée qui avait mûri dans l'âme du peuple et qui éclatait enfin aux applaudissements du monde entier : l'idée des Droits de l'Homme.

La Déclaration des Droits de l'Homme, c'est notre Evangile

civique. Celle de 1789 et celle de 1792 sont imprégnées du plus pur esprit de la France. Leur force, c'est d'être admirablement simples. Elles posent des principes qu'un enfant comprendrait, et elles les appliquent avec cette logique qui nous est, semble-t-il, innée. On l'a dit parfois avec ironie, le Français est un terrible logicien. Cela veut dire que notre peuple, quand il a conçu clairement une idée juste, veut la traduire en institutions. Vous avez hérité de lui ce don de simplicité qui a fait la grandeur de la France et de la République.

Et quand, un jour, ce peuple a trouvé cette formule lumineuse, celle que, tous les jours, vous enseignez à vos élèves : « Les Hommes naissent et demeurent libres et égaux en droits », la Révolution était faite ; elle est tout entière dans ces mots-là.

Ces mots-là venaient tout-à-coup protester contre tout ce qui existait, démentir l'Histoire tout entière, opposer à toutes les sociétés connues une société inconnue qui serait fondée sur la liberté, sur l'égalité de tous les hommes. Cela ne s'était jamais vu.

Il faut bien rappeler, quand nous parlons de l'antiquité classique, ce qu'on nommait un homme libre, à Athènes ou à Rome : c'était l'homme libre de ne pas travailler. Pourquoi ? Parce qu'il y avait des esclaves, parce que la société reposait sur cette base : tout le travail manuel fait par des milliers d'esclaves. C'est cette base qu'a renversée la Démocratie moderne. Elle entend que le citoyen soit tout ensemble, un homme libre et un travailleur, et qu'il se glorifie également de l'un ou de l'autre titre.

Est-ce à dire que, d'un seul coup, ce grand principe révolutionnaire, affirmé par nos pères avec tant d'audace, ait reçu sa pleine et entière application ? Pourrions-nous dire, même aujourd'hui, que la Révolution française est finie, achevée ? Mais, d'abord, ne savons-nous pas ce qui lui a succédé ? Pendant plus de 80 ans, sauf les deux éclairs de 1830 et de 1848, on a pu croire dans ce pays que c'en était fait de la Révolution, que rois et empereurs avaient réussi à en effacer jusqu'aux dernières traces.

C'est du fond même de nos désastres qu'est sortie, enfin, par la force des choses, la troisième République, et celle-là, reprenant pieusement les traditions de la première, s'est mise à refaire la France.

A-t-elle sur l'heure résolu le problème ? Ce serait oublier que le problème d'aujourd'hui embrasse l'organisation sociale tout entière, et qu'il ne suffit pas d'avoir jeté bas un trône pour refaire une société. Chateaubriand disait déjà : « Le salariat est un reste de servitude ». Et le remède à ce mal, nous le cherchons encore ; mais nous ne nous reposerons que nous ne l'ayons trouvé. Et nous comptons sur vous pour nous y aider.

II. — L'École de la République

Jusqu'ici — et je ne m'en excuse pas — je vous ai parlé de la République comme j'en parlerais à une réunion quelconque de citoyens français, mais je n'ai garde d'oublier que c'est elle qui vous a donné ce beau nom, tout nouveau, d'*instituteurs*, c'est-à-dire d'éducateurs. C'est elle qui a créé l'école publique, l'école laïque. Et voilà, entre elle et vous, une sorte de lien sacré.

L'idée d'une éducation nationale est née en même temps que l'idée même de nation. Dès que la nation a substitué sa souveraineté à celle du monarque, elle a pris conscience de ses responsabilités. Elle n'a pas cru pouvoir continuer, comme l'ancienne société, à se décharger sur des tiers du soin d'élever ses enfants. Au lieu de s'en remettre à l'Église, à des ordres réligieux, à des couvents ou à des fondations pieuses, elle a décidé de former elle-même la jeunesse à son image. Et d'abord, sans hésiter, elle a voulu tirer de son sein tout un personnel animé de l'esprit du peuple, pour instruire les enfants du peuple.

Était-ce folie de sa part ? Avait-elle tort ?

Ah ! l'on pouvait craindre... Si je me reporte à ce moment où la Nation a accepté cette gageure, j'entends les objections ; on pouvait dire à la République : « Songez-vous à ce que vous tentez ? Comment ? L'Église, pour former un personnel capable de diriger la jeunesse, a dû recourir à des moyens exceptionnels, créer tout exprès des ordres réligieux, demander à des hommes et à des femmes de se séparer de la vie ordinaire, de renoncer à tout, même à la famille. A une préparation qui a coûté tant d'efforts à l'Église, vous allez substituer quoi ? L'appel à la Nation. Et vous supposez qu'il va se trouver, dans les rangs du peuple, et qu'il va en sortir soudain quelque chose comme 80 ou 100.000 personnes qui seront capables de remplir immédiatement cette fonction délicate ? ».

Oui, certes, on pouvait avoir peur. Mais l'expérience est faite ; qui donc, aujourd'hui, viendrait soutenir que la République a échoué ? Malgré tant d'attaques et tant d'injures, malgré des traitements qui, jusqu'à hier, étaient des salaires de famine, jamais le personnel n'a fait défaut. Il est sorti des rangs du peuple, depuis quarante ans, des milliers de personnes qui ont prouvé qu'il n'est pas nécessaire de s'interdire la vie de famille pour élever dignement les enfants de toutes les familles.

Le Peuple tout entier en est témoin et il vous rend justice. Il y a encore, ça et là, des critiques injustes et des calomnies. Chers amis, qu'est-ce que cela auprès de ce que j'ai vu, au commencement, il y a 40 ou 50 ans ? Depuis l'établissement de l'école laïque, ont eu lieu dix ou douze consultations électorales du pays : avez-vous vu, une seule fois, l'école laïque remise en question ? On nous en menaçait, jadis, au début. C'était l'espoir de la réaction, qu'il y aurait une sorte de soulèvement, au nom des passions religieuses. Le bon sens public a fini par l'emporter.

Un seul changement s'est produit : après 25 ans d'école laïque, le pays s'est aperçu que la conséquence naturelle de la séparation de l'École et de l'Église, c'était la séparation de l'Église et de l'État. Et on l'a votée, voilà 15 ans. La laïcité de l'École avait entraîné la laïcité de l'État !

C'est la logique républicaine, ou plutôt c'est la marche normale des choses dans une démocratie qui grandit : c'est tout simplement la force de la justice qui parle à la conscience, et de la vérité qui parle à l'esprit. Nous n'avons pas d'autre mérite, mais c'en est un de n'avoir pas reculé devant l'application de nos principes.

C'est l'honneur de Jules Ferry d'avoir repris, purement et simplement, en s'inspirant d'Edgar Quinet et de Michelet, le plan d'éducation nationale de Condorcet et de la Convention. Il ne s'est pas flatté de réaliser d'un seul coup ce vaste idéal qui dépasse encore nos moyens. Mais il en a dégagé les premières prescriptions. Il a posé des principes d'une simplicité telle que le peuple tout entier a été obligé de comprendre. Il a dit : « L'instituteur à l'école, le maire à la mairie et le prêtre à l'église ». Voilà la formule de l'ordre, de la liberté et de la paix dans la nation.

Jules Ferry n'en a pas demandé davantage. Et cependant, il a été obligé de lutter. Contre qui ? Contre la réaction, c'est vrai, d'abord, mais aussi contre ses amis politiques. Beaucoup lui ont dit : « Faites donc des concessions. Vous voulez la laïcité absolue, contentez-vous d'une sorte d'arrangement amiable, d'une cote mal taillée : accordez quelque chose à l'Église, elle vous le rendra ».

Il n'a jamais voulu céder. On lui a demandé de consentir à ce que la question de l'école laïque ou de l'école confessionnelle fût débattue dans chaque commune ; c'était bien séduisant ; quoi de plus simple ? Laisser chaque commune décider, les pères de famille exprimer leur préférence. Les uns préféreront l'école laïque, les autres, l'école congréganiste ; laissez-les faire, disait-on.

Non, répondait Jules Ferry, avec une fermeté qu'on appelait de l'entêtement. Si nous entrons dans cette voie des concessions et des demi-mesures, nous sommes perdus. Nous organisons l'anarchie. Il faut quelque chose de clair, que le peuple de France comprenne et où il se reconnaisse. Nous avons proclamé la liberté de conscience ; il faut en assurer le respect absolu. Et c'est ainsi qu'il a pu faire de l'école laïque la citadelle de la liberté, une des institutions caractéristiques et fondamentales de la République.

Voilà pourquoi, même dans la Chambre actuelle, il ne se trouvera personne pour demander la suppression de l'école laïque. On reviendra sur les demandes de concessions — et je ne sais pas si on retrouvera un autre Jules Ferry, j'espère que oui — on demandera à faire rentrer par la petite porte ou par la fenêtre, avec des moyens détournés, les influences cléricales dont Jules Ferry voulait affranchir totalement l'école. J'espère qu'on ne réussira pas.

Mais voilà où nous serons forts. Nous pourrons donner en exemple l'école de la République française, non plus en théorie, comme une sorte d'espoir et d'idéal, mais comme une réalité qui vit et qui, grâce à vous, ne peut plus être contestée.

Je sais bien qu'on nous dit, avec une feinte indignation : « Mais, c'est l'école sans Dieu... ». Voyez-vous, mes chers amis, il y a des mots qui veulent faire peur. Mais la première règle, pour des républicains, c'est de n'avoir pas peur des mots qui font peur.

Obligez ceux qui tiennent ce langage à y regarder d'un peu plus près. Demandez-leur ce que veut dire ce mot *sans Dieu*. A qui a été fait le premier reproche d'avoir conçu une organisation sans Dieu ? C'est à Saint-Louis. Il avait inventé la justice sans Dieu : il osait dire qu'il n'était pas nécessaire d'être prêtre pour administrer la Justice.

Mais on l'avait connue — l'Histoire nous l'apprend — la justice avec Dieu. C'était cette illusion, d'ailleurs respectable, des premiers croyants du Moyen-âge, qui s'imaginaient que, puisqu'il y a un Dieu bon et sage, tout-puissant, il ne doit pas laisser périr l'innocent. Ils disaient : « C'est très simple, on va procéder à l'épreuve. Le bon Dieu ne permettra pas que l'innocent soit puni : le fer rouge ne brûlera pas, l'eau bouillante ne meurtrira pas les chairs de l'innocent ».

C'est très touchant. Comme un rêve d'enfant, comme une vision qui a traversé un cerveau non encore affermi. Mais quoi ! il a bien fallu renoncer au jugement de Dieu, et la confiance publique a donné raison à Saint-Louis.

Après la justice sans Dieu, nous avons eu la commune sans Dieu, avec un maire et des conseillers qui ne sont pas des gens d'église. De quel droit, quand il était simple de laisser au clergé le soin de gouverner la paroisse ?

Et l'on est allé plus loin. En 89, les registres de l'état-civil sont enlevés au clergé ; le mariage devient un contrat civil. Bref, tout dans la société civile devient laïque, puisque la société s'affirme indépendante de toute autorité sacerdotale. L'État est donc athée, criaient avec fureur les partisans de la loi sur le sacrilège ! Ils voulaient dire : l'État ne relève plus de l'Église.

Ainsi, le mot « sans Dieu », dont on veut faire une injure signifie tout simplement qu'il y a des domaines où l'idée de Dieu n'intervient pas, ce qui n'implique nullement une irrévérence à la divinité. Voyez-vous un savant faisant intervenir Dieu pour expliquer des phénomènes physiques, chimiques, biologiques ? C'est la science sans Dieu.

La science, soit, nous dit-on, mais non pas la morale ! Il n'y a pas de morale sans Dieu. Laissez-moi d'abord vous rappeler un mot de Bossuet qu'on a souvent cité. Bossuet, dans le *Traité de la connaissance de Dieu*, dit quelque part : « Le vrai, le beau, le bien, qui sont quelque chose de Dieu, ou plutôt Dieu lui-même... ». Appliquons ce mot à l'école. Non, elle n'est pas sans Dieu, l'école où vous apprenez à tous les enfants à rechercher le vrai de toute la force de son esprit, à aimer le bien avec tout son cœur et de toute son âme, à poursuivre un idéal de beauté qui dépasse l'imagination. Elle n'est pas sans Dieu, l'école qui leur fait sentir ces choses-là, c'est-à-dire ce qu'il y a de plus divin au monde. Ce n'est pas un acte impie que de leur ouvrir à tous sans exception l'accès à ces grandes idées qui font l'Humanité.

Elle n'est pas sans Dieu, l'école qui enseigne une morale à laquelle on ne peut reprocher qu'une chose, c'est de n'être pas aussi facile que l'autre, ni aussi facile à enseigner, ni aussi facile à pratiquer.

Ce qui distingue notre morale, c'est qu'elle cherche à faire naître dans l'esprit de l'enfant une idée, celle du bien, dans sa conscience, un sentiment, celui du bien, dans sa volonté, une intention, celle du bien encore. Elle ne lui dit pas : « Tu feras ceci, parce que ton père, ta mère ou le bon Dieu le commande ». Elle tâche, à mesure que grandit l'enfant, de lui faire entendre à lui-même, et par lui-même, directement, la voix intérieure à laquelle il doit obéir. Elle voudrait qu'il y obéît non parce qu'on le lui commande, mais parce que c'est bien, parce que c'est vrai, parce que c'est beau, parce que le bien mérite d'être pratiqué pour lui-même, parce qu'il est le bien !

Il y a des gens qui vous disent : ce n'est pas possible ; on ne peut pas enseigner ainsi ; la jeunesse a besoin qu'on lui parle d'un enfer, d'un ciel, d'un Dieu qui commande et qui punit.

Vous savez bien que c'est possible, instituteurs et institutrices, vous qui voyez de près les enfants. Quand l'un d'entre eux a commis un mensonge, par exemple, vous savez bien que si, laissant de côté toute considération de punition ou de récompense, vous vous adressez au coupable de manière à lui faire sentir par votre propre émotion l'horreur du mensonge et le trouble que vous en éprouvez, vous savez bien que c'est là une leçon de morale qui porte. Elle va droit à l'âme de l'enfant, comme, plus tard, à l'âme de l'homme.

Est-ce à dire que nous prétendions interdire les moyens d'action que peut donner la morale religieuse ? Nullement. Les églises sont-elles fermées et le catéchisme ne se fait-il plus ? Le clergé n'a-t-il pas toute liberté pour appuyer la morale sur le dogme ? Nous permettons-nous de critiquer ses enseignements ? Nous demandons seulement à enseigner la morale au nom de la morale seule ; nous nous appliquons à créer le sens moral, comme d'autres à créer le sens religieux. Et nous tâchons de ne pas détourner l'attention de l'enfant de l'acte moral proprement dit, en lui parlant de punitions, par exemple. Que ce soit le pain sec ou l'enfer, c'est toujours une punition, et dès qu'on lui en parlera, l'enfant y pensera plus qu'à la faute qu'il a commise.

Cette morale, plus difficile, c'est bien celle que la République vous a demandé d'enseigner, parce qu'elle croit l'enseignement des premiers principes moraux tout aussi nécessaire que celui des connaissances générales indispensables à tous les hommes.

Et la République, confiante en votre droiture, ne vous a rien demandé de plus. Elle n'exige de vous aucun serment de fidélité au pouvoir, aucune obligation envers tel gouvernement ou telle politique.

Vous pourriez lire, dans le *Recueil des circulaires ministérielles* les déclarations de tous les gouvernements qui se sont succédé depuis un siècle. Au premier volume, vous liriez : « Le Gouvernement impose aux instituteurs une fidélité inébranlable à l'Empereur et le devoir de seconder les ministres des autels pour rendre aux campagnes la connaissance de Dieu et l'amour des vertus qui assurent le repos des familles ». Au second volume, c'est l'amour du Roi et de la race royale des Bourbons que les instituteurs doivent inculquer à leurs élèves. Sous Louis-Philippe, c'est à la royauté constitutionnelle. Sous Napoléon III, c'est aux idées et à la dynastie napoléonienne qu'ils doivent un invariable attachement.

Seule, la République n'a voulu ni vous imposer ni solliciter aucun acte pareil. Elle ne vous a pas demandé de renoncer à vos opinions personnelles ; elle ne vous a même pas obligés à faire connaître les sentiments, les opinions, les croyances religieuses ou les tendances politiques qui peuvent être les vôtres. Elle ne l'a pas fait ; j'espère qu'elle ne le fera jamais.

Elle sait qu'un éducateur n'est rien, s'il n'est pas un homme libre. Il faut qu'il commence par être lui-même un citoyen, pour en former d'autres.

Un dernier motif, qui sera ma conclusion.

Il me semble que deux conséquences également légitimes devront résulter de cette liberté qui vous est garantie.

La première, c'est que vous ne serez jamais des trembleurs. Quand on a conscience de sa responsabilité, on n'y renonce pas pour se laisser guider ou égarer par le mot qui sert d'épouvantail à un moment donné. Chaque époque a le sien, qui fait frémir en attendant que le lendemain il fasse rire. Avant 1830, c'était l'épithète de *liberté* qui inspirait horreur et terreur ; plus tard, celle de *radical* ; puis, dans mon enfance, c'étaient les *rouges*, les *partageux*, plus tard, le *socialisme*, le *collectivisme*. Aujourd'hui, c'est le *communisme*. Que recouvre de bon et de mauvais chacune de ces étiquettes, voilà ce que vous voudrez examiner à sang-froid pour régler votre conduite, non sur les idées régnantes, mais sur la vue claire de votre devoir.

L'autre conséquence, c'est que, jamais, non plus, vous ne serez des satisfaits, même et surtout en matière d'école. Vous savez mieux que personne ce qui manque encore à notre régime scolaire. Il est loin de réaliser l'égalité des enfants devant l'instruction. Notre société ne sait pas encore assurer indistinctement à l'enfant du pauvre et à l'enfant du riche la plénitude du développement intellectuel correspondant à leurs aptitudes : elle se prive ainsi d'une grande partie de cette élite de travailleurs et de producteurs qu'elle pourrait puiser non seulement dans la classe bourgeoise, mais dans l'ensemble de la nation.

Je vous souhaite, Mesdames et Messieurs, de persévérer dans ce double sentiment et de ne connaître jamais qu'une seule peur, celle de ne pas faire assez pour votre école et pour votre pays. Vous ne servirez jamais mieux la République qu'en travaillant de toutes vos forces à la rendre de plus en plus digne de son nom et fidèle à son idéal. Vous ne servirez jamais mieux la France qu'en redoublant d'efforts, dans votre humble poste, pour qu'elle devienne la plus libre, la plus juste, la plus laïque et la plus sociale des nations républicaines.

(Les applaudissements qui, à différentes reprises, avaient interrompu l'orateur, éclatent cette fois en salves nourries et enthousiastes. Ils s'accompagnent d'une chaleureuse ovation au vénéré maître de l'École laïque.)

GRANDE IMPRIMERIE DE TROYES
126, rue Thiers, 126